Un ringraziamento speciale a tutti i membri dei gruppi di Facebook e i followers sul canale di YouTube: senza il vostro prezioso contributo questa raccolta non si sarebbe mai potuta realizzare!

"Era una tipica giornata primaverile in quei di Londra quando sul gruppo di IronManager si comincio' a parlare delle classiche storielle da spogliatoio che si sentono ogni giorno in palestra...la discussione risulto' subito alquanto coinvolgente e piuttosto esilarante, "ce ne sono troppe, si potrebbe scrivere un libro!" qualcuno esorto'...

Da li' l'idea di aprire il gruppo La Sagra dei Luoghi Comuni in Palestra dove raccogliere in uno spazio comune tutti questi aneddoti, storielle incredibili ma vere e le classiche leggende metropolitane legate al mondo del bodybuilding e del fitness...nel giro di poche ore il gruppo di Facebook si popolo' di decine e decine di queste storie: era chiaro che non eravamo soli e questa condivisione virtuale creo' subito un forte legame di simpatia tra i membri del gruppo.

Questo libello e' una raccolta non esaustiva delle storielle che hanno ricevuto piu' seguito sul gruppo.

Se siete interessati a partecipare alla co-creazione di una nuova raccolta vi rimando alla pagina Facebook:
La Sagra dei Luoghi Comuni in Palestra

Fran (a.k.a. IronManager)

IRONMANAGER
NATURALLY
GROWN

(Donna al primo allenamento) *Non farmi usare pesi troppo pesanti altrimenti divento troppo grossa!!!*

……………………………………………

Per 5 euro quanti grammi di creatina mi dai?

……………………………………………

… ma Alex mi peso da freddo o da caldo?

……………………………………………

(Madre di un cliente)*: Lei e' un criminale, ha dato la creatina a mio figlio!*
(IO)*: Mi scusi ma moderiamo i termini, cosa stà dicendo!*
(Madre)*: Mio figlio sabato e' andato in coma etilico!*
(IO)*: Mi scusi ma cosa c'entra la Creatina!*

(Madre): *C'entra eccome! Ha bevuto come sempre (2 litri di vino) solo che al posto di vomitare e basta, prendendo la creatina lo ha reso più sensibile ed e' andato in Ospedale!*
(IO): *Signora, sono senza parole....*

....

Non alleno le gambe perchè abito al quinto piano e non ho l'ascensore

....

(Negli spogliatoi a fine allenamento)... *beverone post work in mano e aminoacidi nell'altra... tizio novello che si cambia ti guarda e dice: MA COSA FAI, TI DROGHI ?*

....

(Il Personaggio): *Il tipo che va in palestra al venerdi' sera solo per pompare petto e braccia per la serata in discoteca*

....

...mi puoi fare un programma per migliorare la parte sopra, anzi solo le braccia perche' il resto puo' andare...e le gambe non ne ho bisogno tanto corro 2 volte a settimana

....

Cerco di togliere il grasso intorno al capezzolo... Per questo faccio 6 serie da 30 ripetizioni...

....

Vorrei vederti senza integratori per un mese quanto cambi, io preferisco bere la birra e mangiare braciole piuttosto che prendere quelle cagate

Se io facessi palestra diventerei piu grosso di te (cit. il Wannabe Big)

....

Se mi iscrivo quanti mesi ci metto a farmi il fisico?....

....

- Ma gli amino fanno male? Ho sentito che la creatina è doping... Mi passi il Ventolin?
- Ma sei asmatico?
- No! Ma ormai chi non lo prende nel nostro sport!

....

Non fa niente se le ultime ripetizioni non le fai complete, l'importante è che aumenti peso sempre!

- Senti te lo chiedo in confidenza, mi aiuti ad avvolgere questo domopak intorno alle cosce? - Ma che cazzo fai?!?
- Eh sapessi, le ho provate tutte ma questo e' il top, lo fanno anche in America...ho spalmato una crema fatta in casa a base di peperoncino che mi aiuta a bruciare i grassi durante l'allenamento ...Ovviamente non l'ho aiutato ma immaginatevi i coglioni del tipo a fine sessione, il sudore va da tutte le parti!!!

..

In palestra mentre mi alleno così intensamente che non vedo nessuno intorno mi si avvicina una ragazza e mi dice: - non vorrei dirtelo ma ... hai la bandana blu e....
ed io: - cosa?
- Sei vestito di nero ed il blu non sta bene....
io: - Minkia non me ne ero accorto... pensavo che in palestra si tirassero su pesi non che ce la si tirasse

..

...non mangio mai frutta perché ha un alto indice glicemico

....

Se prendo la creatina come te vedi come divento.. (cit. il magro nello spogliatoio)

....

Le donne devono lavorare con pesi leggeri altrimenti diventano troppo grosse!!

....

Mangiati il fegato che ti fa gonfiare!

....

Mangiando del pollo a merenda in ufficio, il collega : - MA CHE CAZZO FAI ?!?!?!

- Cavolo! ieri mi sono fatto il culo, in bici per un'ora in salita però non sono calato niente...
- ...e cosa hai fatto quando sei arrivato in cima?
- Un tagliere di speck, un pò di formaggio due birre medie... dovevo pur mangiare qualcosina no?

...

Io non prendo la creatina perche ti gonfia e poi quando smetti di prenderla diventi tutto molle

...

Per oggi ho finito! Dato che è presto ed ho tempo faccio 3-4 esercizi di petto!!!

...

Guarda quello quant'è grosso!!! Si fa sicuramente di ASTEROIDI...

....

(Donna in palestra) *No no per carità, non farmi fare polpacci non vedi che caviglie grosse che ho?*

....

Ho troppo grasso intorno al collo, faccio questo esercizio per il collo per poterlo bruciare

....

(Un ragazzo va nello studio di un famoso preparatore italiano per una consulenza) *Con aria spavalda: - Salve, sono venuto per una consulenza perché so che lei è uno dei migliori...vorrei diventare grosso e definito...ecco proprio così (tirando fuori una foto di Coleman ad uno dei suoi ultimi Olympia)...*
Il preparatore guardo' il ragazzetto magrolino e rispose pacato - OK, cominciamo dal colore?!!

(Io) *La sera se non ti piace il tonno ,fai così: 4 bianchi e 1 rosso*

(Lui) *...ma di vino????*

....

(Il Personaggio): *Il tipo che porta la cintura SEMPRE, da quando esce dagli spogliatoi fino a fine allenamento con i sets di addominali*

....

Non faccio squat/stacco perche' fa male alla schiena

....

Se vuoi vedere gli addominali devi farli tutti i giorni

....

Se corri perdi massa;
per crescere devi mangiare almeno 1kg di carne al giorno;
per "tirarti" bene devi mangiare solo carne e acqua

....

Sei piu' forte/grosso di me perche' sei predisposto

....

Sei in forma, si vede che hai il tempo

....

Vorrei fare pesi ma non diventare troppo grosso

....

(Le donne) *Non carico perche' senno' mi viene il fisico da uomo...*

....

Ma stai scherzando?!?! Io ti ho chiesto di darmi qualche consiglio per dimagrire, come posso dimagrire mangiando solo grassi e proteine? Poi mi si appesantisce il fegato…

....

Se vuoi dimagrire devi sudare! (e via di panciere e tutine in plastica pro collasso cardiaco)

....

I muscoli "legano"!

....

Quanto hai di massimale con i bicipiti al bilanciere? E di polpacci?

....

Una volta un 19enne, autoproclamatosi personal trainer dopo 1 anno di palestra, mi disse: - le proteine del tonno sviluppano piu' calorie di quelle della carne, quindi ne mangio di meno...
4-5 ripetizioni per la massa, 12-15 per la definizione...

....

Una sera di Febbraio nella mia vecchia palestra, due novizi si apprestano a provare i massimali di stacco. Sono carichi e continuano ad urlarsi nelle orecchie: "Light weight babe!" "Come on STRONG!" il primo parte nell'esecuzione...io ero a 20 metri di distanza ma ho visto subito la curva della schiena del tipo...si era praticamente bloccato a meta' movimento con la schiena curva...l'altro gli continuava ad urlare "No Pain No Gain" ed incitarlo a completare il movimento...poi e' passato davanti al bilanciere e l'ha aiutato ad alzarlo nella posizione finale..."Good man! Remember: No Pain No Gain!"

La colazione, lo dicono tutti, deve essere abbondante perche è il pasto più importante della giornata.... la sera invece bisogna mangiare leggeri, un pò di verdura e frutta... anche se abbiamo appena sostenuto un mega allenamento serale

....

E che dire di quelli che fanno palestra da qualche mese, e non appena hanno una silouette muscolosa camminano sempre semirilassati? O quelli che anche d'inverno a -5 escono con la t-shirt aderente per far vedere il braccio pompato?

....

...a me le gambe non servono...sono già grosse perché gioco a calcetto 2 volte a settimana...BEATO LUI....

....

Sono andato al negozio di integratori e ho comprato un nuovo prodotto della BSN che trasforma il grasso in muscolo (e' diventato il tormentone dell'anno)

....

Pochi sanno che quando fai squat sviluppi tutti i muscoli del corpo, perchè, se ci fai caso, ti INTOSTI tutto!

....

Mentre mi allenavo, compare il cd. "TUTTOLOGO" di turno....
- I DIPS e i Cleans (riferendosi ai kettlebell-ndr) fanno venire l'epicondilite"
e io rispondo: - mortacci famme' grattà, mi sa che se te vede un gatto nero se gratta pure lui!!!

....

No, no non voglio dimagrire, stò bene così, BASTA CHE MI ASCIUGO UN PO'

...

Oggi è sabato, stavo pensando di prendere una pizza...Secondo voi meglio se la taglio in 6 o in 8? Se la taglio in 6 credo sia meglio, perchè mangio meno fette!!!

...

Non troppo grosso...un fisico alla Brad Pitt insomma!

...

Mi insegni degli esercizi per gli addominali bassi? Quelli non riesco proprio a farli saltar fuori!

- Vorrei dimagrire ma solo la pancia..
- ...devi perdere peso.
- Mi.. nn m'interessa voglio solo perdere la pancia.
- Devi perdere peso... -_-

....

(Novizio in palestra vicino allo squat rack con tono pacato, bisbigliandomi in un orecchio)...*senti io DEVO metter su muscolo, non e' che hai un po' di creatina in casa? Come va presa?*

....

(Negli spogliatoi della palestra). *Un culturista "capitan bombato" dopo la doccia si spalma una crema davanti a me. Dunque, mentre si spalma sta crema intercetta il mio sguardo attonito. Mi guarda e mi fa: - A Chicco me sto a mette sta crema ar pomodoro perchè fa bene alla pelle e, tra l'altro, aiuta anche a dare questo EFFETTO DI TIRAGGIO LUMINOSO, alla mia pelle disidratata.*
Io secco e sicuro rispondo - Ah, ecco...

....

NON POSSO FARE PESI PERCHÉ SE NO DIVENTO ENORME!!!

...

- Noo ma io non voglio diventare grosso , voglio definirmi per bene ......
- Ahhh quanto pesi adesso
60 Kg
- E quanto sei alto?
- 1.90............
- Wow da definito starai davvero da paura!

...

Ma no ormai non ho più grasso, ho solo tanta ritenzione idrica, soprattutto nelle gambe!

...

I carbo dopo le 18:00 fanno ingrassare...lo sanno tutti!...

...

(Preparando una scheda per un novizio)
Poi inseriremo un po' di Lat Machine a fine sessione per completare il workout, la conosci?
- Ah certo, l'ho fatta anche l'altro giorno, un male alle braccia e al petto il giorno dopo! E' una figata!
- Ok fammi vedere un po' come fai l'esercizio...-_-

....

(Una mia amica che fa Zumba Fitness):
"Oddio che schifo, come devo fare?! Questo sport mi sta sformando...mi stanno crescendo i polpacci da uomo!

....

Ma se prendo integratori senza far palestra ho qualche beneficio? Ma se smetti con gli integratori ti affloschi tutto?

....

Ma quanto devo tenere il TesMed per diventare come Costantino Galeazzo? Ma a dire il vero non voglio diventare così grosso, lo tengo solo sugli addominali allora?

..

Quelli del lunedì sera che allenano petto e bicipiti davanti agli specchi dei cavi alti... (praticamente metà palestra!)

..

Quelli che mangiano il riso bianco ogni 4 sets durante l'allenamento per migliorare il veicolaggio del glicogeno

..

Ci sono anche quelli che "bisogna sorprendere il muscolo" e non seguono nessuna scheda, ma fanno quello che passa loro per la mente sul momento

....

Faccio solo esercizi a corpo libero perché con i pesi non sviluppi "vera" massa muscolare

....

Ti gonfi con gli Steroidi Ramificati

....

Mangio poco e mi alleno ogni giorno; cosi' perdo peso...

....

La glutammina serve per il recupero, le proteine e gli aminoacidi per lo sviluppo muscolare, i termogenici per dimagrire, etc…

...

Dopo quanti MINUTI devo prendere il post-workout?

...

No ma io avevo il tuo stesso problema di ritenzione, poi da quando ho introdotto il Sale Rosa dell'Himalaya tutto é tornato a posto e sono cambiata totalmente…

...

Fra poco si torna in spiaggia! Dove trovo una buona crema per gli addominali?

...

E adesso che sei abbastanza grosso pompa al massimo, serie di panca al massimo e fatti aiutare, cosi a pompare tanto il grasso diventa muscolo comprimendolo

- Adesso sono a 5gr post wo di creatina bla bla bla

- "Cosaaaaa???? ma sei pazzo??? La creatina è pericolosissima!!!

- Guarda che è un aminoacido....

- Eh?! ancora peggio!!!!!!

..

Istruttore mi scusi, mi può spiegare il lento dietro a 90 gradi?

..

(Gara di alzate dove ero giudice, categoria Juniores)*:*

- Non e' giusto, ho sollevato 132 kg in panca ed ho perso con uno che come migliore alzata aveva 117,5.

(Io)*: Ma quanto pesi?*

- 93kg

(Io)*: Guarda che l'altro pesa 51,5 kg!*

- Non c'entra nulla, ha vinto solo perchè ho saputo che lei e' il preparatore!
(Io)*: Senza parole....*

...

Allora solo acqua distillata in preparazione alla gara?

...

Come faccio a tirar fuori le vene?

...

...ma scherzi?! 3 volte a settimana? Io sono impegnato, non ho tempo!

...

Quando i PRO intervengono in programmi televisivi: - Qual è il tuo segreto per delle masse così imponenti? Beh e' semplice, mangio pulito e mi alleno tutti i giorni...

Un giorno visitando la palestra di un mio cliente, noto camminando per la sala un ragazzo sotto la panca che sollevava la testa:

(Io)*: - Mamma mia!*
(Il mio cliente)*: - Hai ragione ci penso io...*
Alla serie seguente gli ha bloccato il capo con la mano....

..

Non voglio diventare grosso, perchè, non hai visto come si afflosciano i culturisti quando diventano vecchi?

..

(Novizio, 35 anni portati malissimo). *A fine di uno dei suoi primi allenamenti mentre si cambia noto qualcosa di strano. Ha la pellicola da cucina avvolta intorno alla vita e gli chiedo: - Scusa l'invadenza, ma come mai quella pellicola avvolta intorno alla pancia?*

e lui: - Semplice. Così la pancia mi suda, mi esce l'addome e non ho bisogno di fare definizione. Penso solo a mettere massa

....

Quanti addominali devo fare al giorno per perdere la pancia?

....

Secondo me dovresti smettere di allenarti .... sei gia troppo grosso così per me!!!

Devi mangiare ogni 2 ore se no parte il catabolismo muscolare e distruggi tutto ciò che hai creato in una settimana in un paio d'ore...

....

In periodo di definizione devi prendere 20gr di maltodestrine al giorno così crei una patina intorno al muscolo e tutti gli agenti che vogliono attaccarlo non riescono a superare la barriera creata dalle maltodestrine e definendo bruci così solo il grasso

....

Le gambe non mi servono, io già corro per venire in palestra!

....

(Dietro le quinte ad una gara qui in UK)...*Ma tu quanta grappa ti scoli prima di salire?*

....

Vedi quando diventerò come quello li' in foto (foto di un bodybuilder in poster della Panatta) smetto di venire in palestra

....

(Aprile: ragazza 95 kg x 162 cm) *Ciao volevo venire in palestra, giusto per mettermi in forma per l'Estate.....*

..

(Anno 2000, gestivo un negozio d'integratori in centro a Verona) *Buongiorno, vorrei la creatina quella buona però! Pura al 120%... L'allenamento per la massa e quello per la definizione…*

..

Non prendo la creatina perché ti riempie d'acqua e divento grasso…

..

Una sera di gennaio scorso. Fine allenamento di petto e bicipiti, torno nello spogliatoio e prendo BCAA, 2 fette di pane azzimo, 30 gr di proteine... un tizio mi fissa per tutto il tempo... appena finisco

mi chiede: - Che gusto provi a doparti così? E poi per ottenere cosa?
ed io: - Guarda che non mi sto dopando, sono semplici integratori e due fette di pane azimo. Anzi vedi di non accusare se sei ignorante come una capra, quello che hai detto è una cosa pesante...
e lui - ok scusa.Va a farsi la doccia e al ritorno, mentre si veste mi chiede: - Toglimi una curiosità ma il pane azzimo lo usi come veicolo per gli steroidi?

...

Non è grasso quello, e' pelle…
(Legs day) (Io)*: senti Gi' ma nn le alleni le gambe , oggi avevamo quelle....*
(Lui)*: LE GAMBE..!!??! Ma sei matto le ho super allenate io faccio il cameriere ricordi, sto sempre in piedi...!!!*

...

Non sono grasso ho le ossa grosse…

Sono calato, è na settimana che non prendo proteine...perche voglio pulirmi un pò dentro prima di tornare a prenderle sennò mi fotto stomaco e reni...

...

Quando ero ancora al liceo c'era un tipo sui 30 anni che veniva in palestra e si vantava di aver trovato la soluzione per la lipolisi: un bicchiere d'olio ogni pasto o 3 cucchiai d'olio nello shaker...non ci ho mai creduto finché un giorno l'ho visto tracannarsi quello schifo tutto d'un fiato! Era Agosto, 40 gradi all'ombra...

...

La clorofilla, l'ormone verde che ti trasforma, stessi risultati di una terapia chimica!

...

Ricordiamo l'assorbimento anale degli aminoacidi! Non è leggenda ma triste storia d'inizio anni Novanta!

....

Una partita a Templar Run, è il giusto "conta-secondi" fra una serie e l'altra?!?!?

....

Ma dopo quanto tempo si è iniziato a vedere che ti prendi le proteine?

....

L'importante e' alzare peso, piu' peso = piu' muscolo!

....

...quelli che si cospargono tutta la superficie del corpo con la Preparazione H il giorno della gara…

...

Io l'arginina non la posso proprio prendere: dopo sto con gli occhi spalancati come un pazzo!

...

No non vado in palestra perche' preferisco allenarmi da Spartano!!! Faccio 100 addominali, 50 flessioni e 50 affondi sulle scale ogni giorno

...

Mi scusi non capisco una cosa: le proteine fanno i muscoli vero? Perchè allora sono cinque mesi che prendo le proteine per un totale di 6 kg e sono aumentato solo di 2 kg?...

Dopo un anno che vai in palestra, non continuare a spendere soldi, i risultati non li hai per genetica... Io in 2 mesi già ero messo bene... Solo che non voglio gonfiare più di tanto...

..

Non posso prendere gli omega3 perchè mi fanno starnutire....

..

Vedo un tizio che appena finisce l'allenamento con i pesi posiziona asciugamano, bottiglia e guantini sul tapis roulant e se ne va nello spogliatoio, e torna con un contenitore, si siede sulla panca e inizia a mangiare.
Incuriosito mi avvicinai e chiesi cosa fosse:
- Salsiccia piccante cotta sulla piastra, poi tolto il budello e condita con un pò d'olio! La mangio prima di fare il tappeto per sudare di più e perdere peso!

LO FACCIO DA UN PAIO DI MESI E FUNZIONA ALLA GRANDE!

..

Ma mangi le uova al mattino?? Ma vai di pan di stelle e focaccia -_-

Riporto alla lettera quanto appena ricevuto: - Sono sempre io ho appena finito un workout di braccia, e mentre facevo bicipiti, arrivando alla contrazione sentivo fastidio al braccio, tipo alle vene, quello che mi segue ha detto che è il BRANCHIALE. Che cos'ho? Ho appena cambiato scheda. Grazie delle risposte

..

Un mio amico sovrappeso, che viene in palestra si' e no 2 volte al mese passa in palestra a prendere una confezione di proteine, al che' gli domando: - Ma sono per te? , e lui - No, no, sono per un mio collega che mi ha chiesto di prendergliele perche' sta dimagrendo troppo (questo tizio non fa nemmeno sport)

...

21.45 di stasera: drinn pronto, buonasera sono bla bla mi sto riprendendo da una operazione e nel periodo di degenza ho perso 7 kg (azz spiace) ora x recuperarmi il dott mi avrebbe consigliato di fare camminate sul tappeto, lo step e la cyclette..ci vediamo domani alle 12.00 che le spiego meglio…

...

La farina si chiama INTEGRA-le perche'......lo dice la parola stessa.....INTEGRA!

...

Se non prendi le proteine è inutile che vai in palestra

....

Un ragazzo nell'esecuzione delle tirate al mento in maniera molto impetuosa (come un pazzo drogato) si tira il bilanciere sui denti con conseguente fuoriuscita di sangue…

....

Non posso andare a correre... Perchè peso troppo!! dimagrisco quei due/tre kili per fine anno e poi posso andare a correre...altrimenti mi esploderebbero le ginocchia!

....

(1994: Facevo parte di una squadra di sollevamento pesi, ecco cosa ho vissuto con un mio compagno d'allenamento)

(Genio): *Ho letto su M&F l'ultimo ritrovato per il recupero post-allenamento, basta bere 1/2 litro di Birra appena finito l'allenamento.*
(Io):*L'ho letto anch'io....*
L'allenamento dopo il Genio si presenta in palestra con un litro di Moretti
(Io):*Ma cosa fai?*
(Genio)*: Ascolta io provo...*
(Io):*Ma sei pazzo un litro di Birra durante l'allenamento*
(Genio)*: Nessun Problema a me la Moretti piace, e poi se 1/2 funziona un litro e' meglio!*
(Io)*: Guarda che si parla di Birra Analcolica....*
(Genio)*: Fà schifo bevila te quella!*
- Buongiorno, vorrei il Mega Mass 4000
(Io)*: L'abbiamo finito se vuole abbiamo altri gainer*
- Si ma il Mega Mass e' l'unico che mi dà 4000 kcalorie a porzione!
(Io)*: Si certo, al posto dell'acqua lo diluisci in mezzo litro d'olio d'oliva vero?*

....

2 ragazzi sui 50 kg l'uno discutono nello spogliatoio...
- Ehi oh dopo un mese di palestra mi si vede gia' il gran dentato! mi sono informato sai?
- Ah si è vero, grande!
(Io): Guarda che quelle sono le costole!!

....

Oggi ho visto una bellissima scena (peccato non averla potuta riprendere), un ragazzo, piu' o meno normopeso, carica 30 kg per parte al multi-power per fare lo squat, ma prima che fa? Va a prendere uno di quei tappetini che si usano per fare addominali, lunghezza 1,5 mt con 1 cm di spessore, e lo arrotola intorno all'asta; dopodiché ci arrotola intorno anche un asciugamano di quelli medio/grandi. Ne e' venuto fuori un rotolone di almeno 30 cm di diametro, Mado'...

....

Ma in un paio di settimane riesco a farmi un bel fisichetto per l'estate??

Io gli addominali li devo fare l'ab rocket altrimenti stimolo troppo lo psoas...

....

(Cliente): *"Quel figlio di p....na del mio dottore mi ha detto che sono obeso ma io sono solo sovrappeso..sarà lui obeso ma vedi te sto pezzo di m....*

(Io): *Quanto sei alto? e quanto pesi?*

(Cliente)*: 1.70 x 110 kg*

(Io)*: Sei obeso...ha ragione il tuo medico.. magari sei obeso di primo livello (per non essere troppo cattivo)...*

(Cliente): *Non capisci un cazzo...sono obeso quando supero i 150kg*

(Io)*: Essere obesi non significa essere più larghi che alti..ci sono vari livelli di obesità*

(Cliente)*: Non è vero...basta che faccio un pò di addominali e sparisce tutto...*

(Io)*: Per far sparire la pancia gli addominali servono a poco se non ti metti a dieta*

(Cliente): *Ma sì elimino la birra un pò di addominali e torno peso forma...alla fine son massimo 10 kg in più del mio peso forma...*

(Io frustrato dalla demenza)... Sì hai ragione non sei obeso... bevi birra drive, 4x2 addominali e torni come avessi vent'anni!!

Io il lunedì faccio i DERSALI!

....

Fare panca piana alla multipower ad un braccio serve a stabilizzare la schiena!!!

....

Un giorno mentre facevo le gambe, uno si avvicina e mi fa: io non alleno più le gambe se no devo cambiare tutti i jeans, già l'anno scorso ne ho cambiati 10 paia! Guarda questa è la mia gamba piu' "grossa", se le alleno è un disastro

....

Questa mattina in palestra parlando di peso corporeo, il tizio - Io come faccio due pesi metto su massa!..e parlando di addominali - Ah,io non li faccio!!Tanto non mi escono,il proprietario della palestra mi

ha detto che è una questione di genetica!!
O_o

....

- Le giuro che non mangio niente!
(Io)*: Signora, ma dal suo diario risulta che lei mangia la pizza 5 sere a settimana!*
- E allora! Permetterai che dopo una giornata di digiuno possa mangiare qualcosa che mi piace! Eppure, tanti sacrifici e non calo!
(Io)*: Signora ha ragione! Sono d'accordo con lei!*

....

Se io mi allenassi 4 volte alla settimana diventerei troppo grosso

....

Quando vado a correre mi avvolgo la pancia con il celofan...cosi' sudo di piu' e dimagrisco…

....

Un ragazzo oggi allenava il dorso nello stesso macchinario con il quale stavo lavorando anch' io... faceva le ripetizioni tutte storte alla velocità della luce... ed io gli ho detto: - Guarda che le stai facendo troppo veloci e fatte malissimo. E lui: - No sono giuste... si fanno così quando ti definisci... se non fai così il muscolo non lo tagli…

....

Io non faccio palestra altrimenti poi mi deformo.. io mi conosco!

....

Entro nello spogliatoio vedo un ragazzo che si mangia 10 gocciole gli chiedo perché e lui mi fa: - Tanto dopo corro 20 minuti le brucio subito

....

Con questo meteo, fase di massa ad oltranza, la definizione la faremo il prossimo anno

....

Ieri era venuto un tizio a casa mia e chiacchierando mi ha fatto qualche domanda sulla palestra, dopo un po' nota i miei integratori ed esclama:
aaaah ma allora ti bombi!!! ma guarda che gli integratori in polvere fanno piu male ai reni di quelli in pastiglie!!

....

Dopo aver assunto un beverone di proteine al lavoro... un cliente in sala d'aspetto, dopo avermelo visto preparare e bere si avvicina e mi dice. Ecco perchè ti vedo sempre in forma... assumi "asteroidi"... Anche io volevo prenderli per stare in forma. Dove li posso trovare? Li vende qualcuno sotto banco?? Quanto ci vuole per avere dei muscoli come i tuoi?? 2 mesetti bastano?? ...

- Buongiorno, vorrei perdere peso?

(Io):*Quanto?*

- 25 kg

(Io):*In quanto tempo le piacerebbe?*

- Se mi metto d'impegno 1 mese.

(Io):*Facciamo la destra o sinistra?*

- Che cosa scusi?

(Io):*Tagliamo la gamba destra o sinistra?*

....

Ma ke fai?!? Vai in bagno dopo l'allenamento? Pisci tutte le proteine!!! ...comunque se assumi la creatina è normale che diventi grosso e definito...poi appena smetti torni subito smilzo,ti sgonfi....

- Sai perchè mangio riso integrale? Perchè ci sono molte fibre.
- Ah si, e a che servono le fibre?
- Come fai a non saperlo? Le fibre che ti mangi poi diventano fibre muscolari...

22 anni, 170cm per 68-70 kg viene in palestra l'altro giorno: - Hey cosa ci fai qui??

- Mah niente, ho conosciuto una tipa a cui piacciono i palestrati, un paio di mesi e poi me la trombo!"... -.-

..

(Signora) *...io non mangio maiale scherzi.....*

Festa di palestra tutti vedono la signora mangiare il salame al che si avvicina il PT e le dice: - Ma scusi lei non aveva detto che non mangiava maiale???
(Signora) *- Ma non è maiale è un salume.....*

..

Volevo farvi questa domanda che al contrario di quanto possa sembrare è molto seria.
Quando faccio gli squat e soprattutto la leg press, se sforzo al massimo di quello che riesco, devo fare un altro enorme sforzo per trattenere le scoregge. Facendo così, però, non riesco a concentrarmi al 100 per cento nell'esercizio. Qualcuno di voi ha il mio stesso problema?

....

Alleno gruppi muscolari diversi, per allenare-stimolare ormoni diversi

....

- Cazzo spingi bene con gli squat....
- Io non posso fare squat altrimenti mi scoppiano le ginocchia...
- Perchè? hai problemi alle ginocchia?
- No ho fatto 12 anni di calcio

....

Un mio compagno di classe in sovrappeso mi fa: - Matteo, ma se stasera prendo tantissimi steroidi e mi addormento, domani mattina mi sveglio con un bel fisico?

Ci scusiamo per gli eventuali errori di grammatica, ortografia e sintassi: questa raccolta e' il contributo di diversi utenti che hanno collaborato al progetto con messaggi su una bacheca di Facebook.

La Sagra dei Luoghi Comuni in Palestra

www.ingramcontent.com/pod-product-compliance
Ingram Content Group UK Ltd.
Pitfield, Milton Keynes, MK11 3LW, UK
UKHW020216250726
13967UKWH00001B/22

9 781291 602173